AF586366

MEMOIRE,

POUR les Sieurs & Damoiselles QUESSON, CAPELIN & VOULIOD, seuls heritiers des propres paternels de feu M. Terrat, Chancelier de Son Altesse Royale feu M. LE DUC D'ORLEANS Regent, Demandeurs.

CONTRE Messire Jean-Pierre Chauvel, Chevalier, Seigneur de la Martiniere, Legataire universel de défunt M. Terrat, & les Heritiers maternels, Defendeurs.

IL ne faut pas s'étonner si les contestations qui se sont élevées pour la succession des propres paternels de M. Terrat durent depuis dix années, tout semble avoir concouru jusqu'à présent à les rendre éternelles.

Un Legataire universel s'est trouvé saisi de cette riche succession. Les quatre quints des propres que la loi défere aux heritiers de la ligne, ont été reclamez par ces heritiers sur la foi d'un droit que le sang leur avoit transmis, & qu'ils croyoient inalterable. D'abord le Legataire leur a demandé les titres de leur filiation qui devoient constater leur parenté avec M. Terrat. Ils se sont empressez de satisfaire à cette demande ; ils se sont fait ouvrir avec confiance les dépôts publics, pour y puiser les preuves de leur Genealogie. Mais quel prodigieux étonnement pour eux, lorsqu'ils ont trouvé tous ces Oracles publics muets sur leur sort ; lorsque dans ces aziles sacrez que les loix rendent dépositaires de l'état des Citoyens, ils n'ont vû que des lambeaux de Registres, qu'un amas informe de feuilles déchirées, dont on avoit retranché les noms de leurs auteurs ; lorsqu'enfin ils ont reconnu que tous les titres essentiels de leur filiation étoient devenus la proye d'une troupe de scelerats, peut-être gagés pour les détruire, peut-être flattez par l'espoir de les vendre au poids de l'or.

A

Quand on a vû que les veritables Heritiers paroissoient dépouillez des preuves qui leur étoient necessaires pour établir leur généalogie, il s'est élevé une foule de Prétendans qui n'ont tenté de se dire parens de M. Terrat, que parce qu'il paroissoit n'en point avoir. L'impossibilité où les vrais Heritiers se sont trouvez de rapporter les titres primitifs de leur filiation, a été le seul titre de tous ces Aspirans.

Il a donc fallu détruire toutes ces chimeres ; mais le Sr de la Martiniere, qui méprisoit de si foibles adversaires, ne les a combattu qu'avec lenteur, parce qu'il se conservoit par-là la joüissance des biens de la succession. Et lorsque les Heritiers ont pris le parti de renverser eux-mêmes ces fausses prétentions de parenté, & que par ce moyen les contestations étoient sur le point de recevoir leur décision, le sieur de la Martiniere a eu recours aux artifices les plus bas, & aux détours les plus odieux, pour éloigner le jugement d'un procès dont la fin le devoit forcer à d'affligeantes restitutions. Les biens mêmes de la succession, que les Heritiers reclament, ont servi contr'eux à lui procurer ces honteuses ressources. C'est avec les fonds mêmes de cette succession qu'il a acheté le silence de ceux dont la voix pouvoit faire éclater la verité, & la protection de ceux dont le crédit pouvoit en differer la manifestation. On ne dit rien de trop, ou plûtôt on lui épargne la honte d'un détail plus circonstancié. La Cour est pleinement instruite de tous ces faits par les pieces qui ont été produites dans l'appointé à mettre.

Que d'obstacles puissans contre des Heritiers qui n'ont pour appui que la verité, & qui après avoir consumé à la poursuite d'un procès si long, le plus clair, & le plus liquide de leur patrimoine, sont reduits à l'indigence ! Mais enfin la Cour a été touchée de leur sort : Par son Arrest du 20 Août 1729. elle a mis un terme aux chicanes du sieur de la Martiniere, & lui a marqué un délai fatal pour mettre l'Instance en état ; & au cas que le sieur de la Martiniere negligeât de satisfaire à cet Arrest, elle ordonne le sequestre des biens de la succession, & adjuge une provision de 20000 liv.

L'esperance d'un jugement prochain console donc les Heritiers de toutes les longueurs qu'il leur a fallu essuyer. Ils se consoleront aussi de la perte de tant de titres si chers, de la suppression de tant de Registres publics, qui auroient constaté leur filiation depuis les temps les plus reculés, & qui leur auroient fixé un degré certain de parenté dans la ligne où ils se trouvent placés. Ces pertes leur deviennent moins sensibles, quand ils envisagent, que soit contre le sieur de la Martiniere & les Chauvels exclus par leur qualité de parens maternels, soit contre les autres prétendans qui n'ont pas même l'apparence d'une parenté avec M. Terrat, il leur suffit de prouver une parenté certaine, quoiqu'indéfinie, sans qu'on puisse exiger d'eux la preuve d'un dégré précis.

Cette parenté indéfinie avec M. Terrat, est précisément aujourd'hui le seul point que les heritiers ayent à prouver. En effet, la neceſſité de prouver un degré, n'a lieu que dans deux cas.

Le premier, lorſque la Coutume reſtraint à un certain degré de parenté l'habileté à ſucceder. Mais nous ne ſommes point dans le cas, puiſque la Coutume de Paris, qui fait ici la loi des Parties, Art. 330. veut que ceux qui ſont de la ligne d'où viennent les propres, y ſuccedent, à quelque degré qu'ils puiſſent être, à l'excluſion des parens de l'autre ligne, quelque proches qu'ils ſoient, ce qui exclut la neceſſité de juſtifier un degré. C'eſt ce que les Terrats de Saint Symphorien ont établi contre le ſieur de la Martiniere, & ils ont rendu la démonſtration de cette verité ſi forte & ſi complette, qu'on ne ſçauroit s'empêcher de les plaindre du peu de fruit qu'ils en doivent recueïllir.

Le ſecond cas eſt lorſque dans les Coutumes qui permettent à l'heritier des propres de ſucceder en quelque degré qu'il ſoit, il ſe trouve une concurrence entre deux ou pluſieurs heritiers de la ligne, dont l'un prouve ſon degré: alors celui qui conteſte avec ce premier doit neceſſairement pour l'exclure, ou pour concourir avec lui, prouver un degré.

Or les Capelins n'ont ici aucuns concurrens legitimes, puiſque tout le projet de parenté imaginé par les Terrats de Saint Symphorin, qui ſeuls ſembloient avoir un droit apparent, a enfin été détruit par le ſieur de la Martiniere. Ainſi la Cour permettra aux heritiers de mettre ici à profit tous les avantages que leur procurent leurs propres adverſaires.

Contre les Terrats & les autres Prétendans, ils employent tout ce que le ſieur de la Martiniere a écrit pour confondre leurs illuſions.

Contre le ſieur de la Martiniere, ils employent la verité de la maxime, ſi bien établie par les Terrats ſur la ſuffiſance de la parenté en general, ſans définition de degré précis,

Il eſt donc évident que la ſucceſſion des propres paternels de M. Terrat, doit être ajugée aux heritiers, s'ils parviennent à prouver, non pas qu'ils ſont parens paternels à tel ou tel degré de M. Terrat, mais en general, qu'ils ſont ſes parens paternels. Cette propoſition après ce qu'on vient d'obſerver ne ſouffre pas de contredit.

Les heritiers bornez à ce ſimple objet, ſe diſpenſeront d'entrer dans un détail exact des faits primitifs de leur parenté; ils s'épargneront la peine de rapprocher toutes les circonſtances differentes qui pouvoient tendre à prouver un degré qui leur devient ſuperflu; ils ſe contenteront de mettre ici leur Genealogie ſous les yeux de la Cour, & d'en donner une idée en deux mots; enſuite ils paſſeront aux preuves de leur parenté en general, ſans détermination de degré. Voici leur Genealogie.

CLAUDE TERRAT, marié à LOUISE PONTHUS.	Freres.	ANTOINE TERRAT,	
JEAN TERRAT, marié à Françoise Huart.	Antoine Terrat, dit la Croix, marié à Louise Ogier.	Jeanne Terrat, à Nicolas Delugé.	Benoîte Terrat, Religieuse à la Benissondieu.
GASTON-JEAN-BAPTISTE TERRAT, *de cujus.*	Jacqueme Terrat, mariée à Louis Coucherat.	Marguerite Delugé à Jean Quesson.	Jeanne Delugé à Claude Vouliod.
	Catherine Coucherat, veuve Capellin.	Pierre, Jeanne, Philippes & Helene Quesson.	François Vouliod.
	Les Capellins.		

On voit, suivant cette figure genealogique, que tous les heritiers sont parens de Gaston Terrat, *de cujus* au septiéme degré. Ils tirent leur origine d'un Antoine Terrat, frere du Claude Terrat, qu'on reconnoît pour l'ayeul de Gaston Terrat *de cujus*.

Cet Antoine Terrat eut un fils & deux filles; sçavoir, Antoine Terrat, dit la Croix, Jeanne, & Benoîte Terrat. Cette derniere fût Religieuse au Convent de la Benissondieu, près de Roanne. Ainsi c'est d'Antoine Terrat, dit la Croix, & de Jeanne Terrat sa sœur, que descendent les heritiers.

Antoine Terrat, dit la Croix, épousa Louise Ogier ; il paroît qu'ils n'eurent qu'une fille, nommée Jacqueme Terrat.

Cette Jacqueme Terrat épousa Loüis Coucherat, & de leur mariage sortit Catherine Coucherat, mere des Sieurs Capelin, qui ont repris l'Instance en la place de leur mere. Voilà la Branche des Capelins.

Revenons à Jeanne Terrat, sœur de Claude Terrat, dit la Croix.

Jeanne Terrat épousa Nicolas Delugé; ils eurent trois filles, Marguerite, Jeanne & Elisabeth. La derniere n'a point laissé de posterité, les deux autres ont été mariées ; sçavoir,

Marguerite Delugé à Jean Quesson de Billy en Bourbonnois. Ils ont eu pour enfans les Sieurs & Damoiselles Quesson.

Jeanne Delugé à Claude Vouliod de Lyon, desquels est issu François Vouliod.

Tous les points de cette Genealogie sont prouvez, à l'exception des deux premiers; sçavoir, la fraternité d'Antoine Terrat premier avec Claude Terrat, & la filiation d'Antoine Terrat second, de Jeanne, & de Benoîte Terrat, qu'on dit enfans d'Antoine Terrat premier, sans qu'il reste aux heritiers ni Extraits Baptistaires, ni aucuns autres Actes qui le démontrent.

Quelques recherches que les heritiers ayent faites, ils n'ont jamais pû trouver l'Extrait Baptistaire d'Antoine Terrat premier, ni celui de Claude Terrat. Tout ce qu'ils ont pû découvrir dans ce qui reste des

des Registres publics de la Paroisse de Saint Paul à Lyon ; c'est l'Extrait Mortuaire de cet Antoine Terrat premier, qui est du 12 Mai 1601. Cet Acte nous apprend qu'Antoine Terrat étoit qualifié d'honorable Marchand comme Claude Terrat, qu'ils demeuroient tous deux sur la même Paroisse, & dans la même ruë. Lorsqu'on a voulu en chercher davantage, en remontant à des temps plus éloignés, le sieur de la Martiniere n'ignore pas que dans le compulsoire qui fut fait contradictoirement avec lui, le sieur de Vigo, Vicaire de Saint Paul, répondit qu'il n'y avoit point de Registres si anciens. Il ne pût representer qu'un petit Registre sans couverture, qui n'avoit ni commencement ni fin, & dont la plûpart des feüilles avoient été déchirées.

Le sieur de la Valette, Vicaire de la même Paroisse de Saint Paul, a aussi certifié le désordre & l'enlevement des Registres.

A l'égard des Extraits Baptistaires d'Antoine Terrat second, de Jeanne & de Benoîte Terrat, enfans d'Antoine Terrat premier ; on les a aussi cherché vainement dans toutes les Paroisses de Lyon, & surtout dans les dépôts de l'Eglise de Saint Georges, Paroisse originaire d'Antoine Terrat premier.

Le sieur Charton, Curé de cette Paroisse, a déposé dans l'information faite par les heritiers, que dans les Registres de cette Paroisse qui précedent l'année 1640. il manquoit une infinité d'Actes, que la plûpart des Registres ont été enlevez ou alterez, particulierement ceux de l'année 1596.

L'impossibilité où l'on se trouve de rapporter ces Extraits Baptistaires enveloppés dans la perte des Registres publics, rend à la verité la Genealogie des heritiers imparfaite par le vuide qu'elle y laisse. Aussi est-ce sur ces vices capitaux de la Genealogie que le sieur de la Martiniere se recrie ; mais il ne prend pas garde que ce n'est point par le poids seul de cette Genealogie prise en elle-même, que les heritiers entreprennent de prouver leur parenté ; ils la proposent seulement comme un éclaircissement préliminaire qui sans rien préjuger, dispose & conduit les esprits aux preuves particulieres dont elle doit être suivie, & sûrement ces preuves particulieres de parenté ne sont pas si fort dépendantes de l'établissement des deux premiers point de la Genealogie, que les unes ne puissent naître que de la démonstration de l'autre : c'est ce qu'on va d'abord concevoir.

La parenté prise en elle-même est un droit du sang, fondé sur une suite des faits necessairement liés les uns aux autres, dont l'assemblage forme entre plusieurs Citoyens une relation, ou plus prochaine, ou plus éloignée. Comme ce droit consideré par sa nature est quelque chose d'incorporel qui ne tombe point sous les sens, il auroit été impossible de trouver en lui-même un caractere réel, & des marques certaines qui le fissent reconnoître parmi les hommes, & dès-là la societé n'auroit plus été qu'un cahos, où les droits de la nature étant ignorés, l'usage des successions seroit devenu impossible, & la liberté des mariages indéfinie.

Les Loix ont prévenu ces inconveniens, & pour rendre ce droit de parenté certain & invariable, elles ont reglé la maniere de constater & l'existence, & l'enchaînement des faits qui le produisent, par le soin qu'elles ont pris d'en conserver la memoire dans les dépôts publics. C'est donc dans ces sources qu'elles ont consacrées, que les Citoyens sont obligez de puiser les preuves des faits constitutifs de leur parenté : on en convient avec le sieur de la Martiniere.

Mais lorsque les archives où ces faits sont inscrits périssent, le sort des familles doit-il être enveloppé dans leur ruine? Le malheur d'un Citoyen fera-t-il contre lui-même le titre d'un Usurpateur? Quand privé des secours que la Loi lui conservoit, il se presentera pour recuëillir une succession, ou pour exercer d'autres droits, sera-t-il rebuté par la Loi même, qui veilloit à ses interêts, comme un Imposteur qui vient troubler le repos des familles, comme un membre obscur que la societé doit méconnoître? Non sans doute, & lorsque quelque évenement a enlevé au Citoyen les titres par lesquels la Loi l'obligeoit de prouver sa parenté, elle n'exige plus de lui cette espece de preuve devenuë impossible, elle lui en substituë une autre également certaine, mais infiniment difficile pour celui qui s'y trouve reduit; c'est la possession de l'état de parenté.

Dans la premiere espece de preuve, c'est-à-dire, en rapportant les titres tirez des Registres publics, la parenté se trouveroit établie par les faits qui l'auroient constituée.

Dans la seconde espece, c'est-à-dire, en justifiant la possession, la parenté se démontre par des faits qui la supposent, & ces faits sont la réünion des differentes relations qu'elle seule a pû produire. On ne doute point que ces deux especes de preuves ne soient également sûres, puisqu'une chose peut être prouvée avec une égale certitude, ou par sa cause, ou par ses effets; mais comme on vient de le dire, la derniere est d'une extrême difficulté.

En effet, il arrive assez ordinairement que ceux qui sont unis par les liens du sang se trouvent séparez, soit par la distance des lieux, soit par la disproportion de leurs fortunes, soit par une certaine indifference, qui est assez naturelle à tous les hommes, lorsque les vûës d'interêt ne reveillent point en eux les sentimens de la nature, qui seule ne suffit pas pour les rapprocher; c'est ce qui fait qu'une parenté souvent fort proche n'est dans beaucoup de familles qu'une qualité sterile, qu'un droit mort, qui ne produit entre ceux qu'elle lie, aucune union, aucune relation.

D'ailleurs lorsqu'il s'agit de prouver une parenté éloignée, la plûpart des relations qu'elle a pû faire naître, se trouvent effacées par le temps; d'un côté, la mort enleve les vieillards qui en pouvoient rendre témoignage; d'un autre côté, la sécurité de ceux qui se reposent sur la foi des Registres publics, à qui ils sçavent que leur état est confié, leur fait negliger la conservation d'une infinité de Lettres ou d'Actes domestiques, dont ils ne sentent tout le prix, & toute l'utilité, que quand les preuves établies par la loi leur manquent.

C'est par ces considerations que les Loix ouvrent au Citoyen réduit à ce genre extrême de preuve, toutes les voyes qui peuvent reparer son infortune ; elle lui permettent de rassembler les debris de ses titres, le suffrage de ses voisins, les lueurs même des conjectures, en un mot tout ce qui peut porter dans les esprits quelques rayons de lumiere ; moins il a été en état de se conserver des preuves, plus celles que le hazard lui a laissées, sont précieuses & décisives aux yeux des Magistrats.

Tel est l'esprit des Loix en matiere de possession d'état ; c'est ce que nous apprennent tous les Textes du Droit, qui concernent les preuves de la filiation. On peut en faire une juste application aux preuves de la parenté, qui se trouvant infiniment plus difficiles à conserver, méritent encore une plus grande faveur ; & c'est précisément le cas où l'on peut employer ces termes de la Loy *deffende causam tuam instrumentis & argumentis quibus potes.*

Que le sieur de la Martiniere n'arrête donc point les heritiers sur le simple exposé de leur Genealogie ; elle est imparfaite, nous en convenons ; mais qu'en peut-il conclure ? Rien autre chose, sinon que les heritiers ne prouveront pas leur parenté par les faits qui la constituent, mais par d'autres faits qui sont autant de consequences qui la supposent comme principe ; c'est la possession.

Il s'agit donc uniquement ici de sçavoir quelle doit être la qualité des faits qui constituent la possession de parenté, & de quelle maniere la preuve s'en doit faire.

Les Auteurs qui ont écrit sur cette matiere réduisent ces faits à trois principaux, qu'ils ont exprimés par ces termes, *denominationem tractatum, & famam.*

Par *denominationem*, on entend la conformité de nom, soutenuë des autres circonstances qui peuvent l'accompagner, comme la conformité d'état & d'origine.

Par *tractatum*, les relations dans lesquelles on a vêcu avec ceux qu'on prétend être ses parens.

Le mot *famam* signifie l'opinion dans laquelle le public a toûjours été que tels & tels étoient parens.

Il ne faut pas croire que la possession de parenté ne puisse jamais être prouvée que par la réunion de ces trois especes, de faits, en sorte que l'une ne se rencontrant point, on pût regarder la preuve comme imparfaite, ce seroit une erreur ; Alexandre (a) & Dumoulin (b) l'ont prévenuë, en soutenant qu'un seul de ces trois articles suffit pour rendre complette la preuve de la possession. *Si advocatus non potuit unum articulum probare, probet alium sufficit.*

(a) *Cons.* 51. *L.* 2. *n.* 1.
(b) *Ibid.*

Ces trois sortes de faits qui chacune établissent une possession parfaite de parenté, se prouvent comme la possession d'état en matiere de filiation, c'est-à-dire, tant par titres que par témoins. On ne s'arrêtera pas à chercher de longs raisonnemens pour démontrer cette proposition ; on soutient avec confiance qu'un homme sensé ne la peut jamais nier. La parité se trouve juste entre la possession de parenté & la possession d'état, par consequent les regles établies pour les preuves de l'une doivent nous guider dans les preuves de l'autre.

Les heritiers auront donc parfaitement démontré leur possession de parenté, s'ils prouvent, soit par des titres, soit par le suffrage de témoins, 1°. qu'eux ou leurs Auteurs avoient le même nom, le même état, & la même origine que les sieurs Terrat. 2°. Qu'ils ont vêcu les uns & les autres comme parens, & qu'ils ont conservé comme tels entr'eux des relations fort étroites. 3°. Qu'ils ont toûjours été regardés du Public comme parens.

Quoiqu'il soit hors de doute qu'une seule de ces trois propositions prouvée emporte une preuve suffisante de parenté, nous ne laisserons pas de les établir toutes trois, & l'on va voir que les heritiers ont pour eux beaucoup plus de preuves que les Loix n'en exigent.

Par rapport à la conformité de nom, d'état & d'origine, il est inutile que les heritiers s'arrêtent à cette premiere proposition. On ne la leur conteste point. Passons donc au *tractatum*, c'est-à-dire, aux relations dans lesquelles les auteurs des heritiers, & les sieurs Terrat ont toujours vêcu; & comme on ne dispute point aux heritiers leur qualité de petits-neveux de Benoîte Terrat, ils peuvent établir leur possession de parenté du chef de cette Benoîte Terrat; cela est sans contredit.

On a produit en l'Instance plusieurs Lettres de Benoîte Terrat, écrites il y a plus de quarante ans, par lesquelles la possession de parenté où elle étoit avec les sieurs Terrat, est prouvée; entr'autres, deux, ou par occasion elle explique la parenté qui la lioit avec eux.

Ces deux Lettres sont écrites au sujet du mariag qui se préparoit entre le Sr Morel de Trezel, & la Demoiselle Quesson, petite-niéce de Benoîte Terrat. Comme le Sr Morel de Trezel étoit un Gentilhomme distingué dans le Bourbonnois, bien des gens s'étoient efforcé de le détourner de ce mariage, sous le prétexte d'une disproportion qu'ils exageroient le plus qu'ils pouvoient. Voici ce que Benoîte Terrat écrivit à la Demoiselle Quesson sa niéce. *Quelle malignité pour empêcher votre mariage! S'ils disent que vous n'êtes pas de condition, votre grand-pere Delugé avoit eu de belles Charges, il étoit Maréchal des Logis d'une Compagnie de l'Armée qui étoit devant Casal, & il mourut à Serrieres où il étoit Capitaine des Gardes du Sel. Nous avons à Lyon M. Duperrier notre cousin, qui est presentement Maître de la Maison de Ville, & M. Charrier Lieutenant Criminel notre allié. A Montbrison nous avons les Messieurs Giraud qui ont marié leurs filles à des Conseillers. Vous sçavez ceux de Paris. M. Terrat l'aîné est Secretaire des Commandemens de* MONSIEUR *Frere du Roy; les deux autres, l'un est Comte de Chantome, & l'autre Conseiller en la Cour.*

Dans l'autre Lettre du 3 Juin 1688. que la même Benoîte Terrat écrit au sieur Morel de Trezel, elle lui marque la joye qu'elle ressent de voir avec quelle fermeté il surmonte les obstacles que l'envie opposoit à son mariage avec sa niéce Quesson; elle lui rappelle encore la famille de sa niéce, & dans le nombre des parens, dont elle fait le détail, voici comme elle s'exprime. *Nous avons à Paris les Messieurs Terrat, l'aîné est Secretaire des Commandemens de* MONSIEUR *Frere du Roy; le second Conseiller en la Cour; & le troisiéme Comte de Chantome,*

qui

qui sont mes cousins ; feu leur pere qui étoit Trésorier de France, me fit grande reprimande d'avoir donné feuë ma niéce en mariage à un Chirurgien, & que je lui devois bien avoir mandé que Mademoiselle Delugé méritoit bien davantage, &c.

Voilà sûrement une possession de parenté bien formelle. Il ne s'agit que de répondre aux objections que le sieur de la Martiniere a faites contre ces Lettres.

Il faut d'abord observer, dit-il, que ces Lettres qui sont une écriture privée ne peuvent faire aucune foi, ni mériter aucune consideration, tant qu'elles ne serontpoint reconnuës. Jusques-là on n'en peut tirer aucune induction.

Cette premiere objection du sieur de la Martiniere porte à faux; car les Lettres de Benoîte Terrat sont suffisamment verifiées. La derniere qu'on vient de rapporter, datée du 3 Juin 1688. ne sçauroit être contestée ; elle a été representée en consequence d'un Monitoire par le sieur Morel de Trezel, fils du sieur Gilbert Morel de Trezel, à qui elle avoit été adressée. Il a declaré l'avoir trouvée dans les papiers de son pere à qui Benoîte Terrat écrivoit souvent au sujet du mariage de sa niéce. Ainsi cette Lettre doit faire foi assurément. Or le sieur de la Martiniere n'a jamais prétendu que les autres Lettres ne fussent pas de la même main ; ainsi la foi de l'une constate la verité des autres.

Mais, dit le sieur de la Martiniere, quand on vous accorderoit que les Lettres en question ont été écrites par Benoîte Terrat, quel avantage en pourriez-vous tirer ? Quand Benoîte Terrat seroit aujourd'hui vivante, & se diroit parente de M. Terrat, si elle n'apportoit point d'autres preuves que son affirmation, constamment elle ne seroit point écoutée. Comment donc se persuader qu'on ajoute plus de foi aux Lettres de Benoîte Terrat, qu'on n'en pourroit ajouter à elle-même si elle vivoit?

On convient avec le sieur de la Martiniere que si Benoîte Terrat étoit encore vivante, & qu'elle se dit parente de M. Terrat, sa simple affirmation ne seroit point pour elle un titre de parenté ; mais on ne convient pas que les Lettres, où sans interêt elle énonce cette parenté, Lettres écrites il y a près de 50 ans, soient aujourd'hui entre les mains de ses petits neveux, des pieces inutiles & incapables de prouver, sur-tout lorsque l'énoncé de ces Lettres quadre avec une infinité de circonstances étrangeres à Benoîte Terrat, independantes de sa volonté, & qui rëunies ensemble, concourent à prouver la verité des faits contenus dans ces Lettres.

On demande au sieur de la Martiniere sur quel fondement il prétend que la Justice doit rejetter les inductions que les heritiers tirent des Lettres de Benoîte Terrat leur grande Tante. Dira-t'il que c'est parce qu'émanées de leur grande Tante, elles sont suspectes ? Il est aisé de lui répondre.

Une Piece ne peut estre regardée comme suspecte que dans deux cas.

Le premier, par la nature de la Piece, c'est-à-dire, lorsque la loi y a attaché une ſuſpicion, dont le Magiſtrat même ne ſçauroit l'affranchir.

Le ſecond, par les circonſtances particulieres qui font douter de la verité des faits qu'elle contient.

Or les Lettres de Benoîte Terrat ne ſont ſuſpectes, ni par leur nature, ni par les differentes circonſtances qui leur ſont relatives. La concluſion ſera facile à tirer, pourvû que l'on prouve les deux parties de cette propoſition. Commençons par la premiere. Les Lettres de Benoîte Terrat ne ſont pas ſuſpectes par leur nature.

Comme la verité eſt un bien commun qui fait un des fondemens les plus ſolides de la ſocieté, tous les hommes ont un droit égal de la mettre au jour, lorſque l'interêt de la ſocieté le demande ; mais une malheureuſe experience ayant fait connoître que la plûpart des hommes eſclaves de leurs paſſions, abuſoient de cette liberté que la nature leur laiſſoit ſans bornes & ſans reſtriction, les loix ont été forcées de l'interdire à tous ceux, que par de juſtes préſomptions elles ont ſoupçonné d'en pouvoir faire un mauvais uſage. Ainſi lorſqu'il s'agit de parvenir à la preuve de certains faits, dont il eſt neceſſaire de conſtater l'exiſtence, la cauſe, ou les circonſtances, on rejette le témoignage des perſonnes qui ſont intereſſées dans le fait qu'il faut prouver, ou qui prennent part à l'interêt de ceux que ces faits regardent, parce que l'incertitude où l'on doit être, ſi elles feront ou non, une déclaration contraire aux interêts qu'elles embraſſent, rend leur dépoſition ſuſpecte.

Les Loix ont rangé dans la claſſe des témoignages ſuſpects tous les ſuffrages de ceux qui ſont liés de proximité, ou d'alliance aux perſonnes intereſſées dans les faits qu'on cherche à juſtifier. Les Ordonnances de nos Rois ont ſuivi en cela les diſpoſitions des loix Romaines. Mais pourquoi la Juſtice en uſe-t'elle ainſi avec ces ſortes de perſonnes ? Eſt-ce que la qualité de Parens forme en elles un caractere qui ſoit eſſentiellement, & par lui-même incompatible avec la verité ? Non ſans doute, mais c'eſt qu'on préſume que les liaiſons du ſang, ſouvent plus imperieuſes & plus fortes que l'amour du vrai, les ſollicitent violemment à ne dire que ce qui peut être favorable aux interêts de leurs Proches. Tel eſt certainement le motif de la loi, qui dans une enquête ou une information, rejette du nombre des preuves judiciaires les dépoſitions de ceux qui ſont Parens de la Partie qui demande à prouver.

Mais il y a une grande difference entre des dépoſitions & des Lettres. Dans les dépoſitions, il eſt impoſſible d'effacer l'idée de ſoupçon attachée à la qualité de Parens, elle ſubſiſte toujours dans quelques circonſtances qu'on puiſſe imaginer, parce que la certitude où eſt neceſſairement le témoin, qu'il dépoſe de faits qui intereſſent ſon Parent, le met en état d'arranger une dépoſition en ſa faveur, & que dès-là on ne peut jamais ſe flatter de recevoir par ſa bouche la verité ſans alteration.

Il n'en eſt pas de même indiſtinctement de toutes les Lettres ou autres Pieces, qu'on rapporte écrites par ſes Parens. On ne peut pas dire qu'elles soient suspectes par elles-mêmes. Rien n'y dénote une raison absoluë de suspicion, comme dans l'espece des dépositions dont on vient de parler.

On peut même dire qu'il se rencontre quelquefois dans ces sortes de Pieces des preuves si frapantes & si persuasives, qu'on pourroit à bon droit les préferer aux suffrages des témoins mêmes. Ainsi toutes les preuves de cette nature n'étant point essentiellement suspectes par elles-mêms, & ne le pouvant être que par les differentes circonstances dont elles sont revêtuës, il y auroit autant d'injustice de les rebuter toutes indifferemment sans examen, que de les admettre toutes.

C'est donc sur les circonstances où ces Pieces ont été écrites qu'on mesure la foi qu'on y doit ajouter. Ces circonstances sont l'interêt de la personne qui a écrit, le temps où elle a écrit.

Lorsqu'on sent que celui qui est l'Auteur des Ecrits qu'on produit avoit un interêt sensible de s'expliquer de telle ou telle façon sur les faits qu'il rapporte, on soupçonne que cet interêt seul lui a arraché tout ce qu'il énonce dans ces Ecrits, & pour lors son témoignage est rejetté.

De même, lorsque les Lettres ou autres Pieces dont on veut tirer avantage, ont été écrites dans un temps trop prochain de celui où l'occasion de s'en servir devoit naître, & qu'on a quelque raison de soupçonner que cette occasion a été prévûë, la Justice se refuse à des monumens aussi suspects.

Mais si ces deux especes de soupçons sont les seuls motifs qui puissent jamais déterminer les Juges à rejetter des Lettres écrites par des Parens, il s'ensuit necessairement qu'ils doivent les recevoir, lorsqu'aucune de ces circonstances ne fait soupçonner leur fidelité.

Toutes ces maximes sont fondées sur la raison & sur la justice ; il ne faut pour en sentir la verité, que méditer l'esprit des Loix : elles en sont des consequences. Ainsi après avoir prouvé que les Lettres de Benoîte Terrat rapportées par ses petits-neveux ne sont point suspectes par leur nature, il ne s'agit plus que de faire voir qu'elles ne le sont pas non plus par les circonstances où elles ont été écrites.

Il est certain que Benoîte Terrat n'avoit aucun interêt de se dire Parente de M. Terrat, si réellement elle ne l'avoit pas été. On ne connoît guére dans le cœur de l'homme de passions qui le sollicitent à se donner pour ce qu'il n'est pas, que la cupidité & l'ambition. Ce n'étoit pas à coup sûr la premiere de ces deux passions qui faisoit agir Benoîte Terrat. Quels biens des Lettres qui énonçoient une parenté avec M. Terrat, pouvoient elles procurer à une Religieuse incapable d'en recevoir, & peut-être d'en désirer ? Dira-t'on que l'ambition lui inspiroit ces prétendus mensonges? C'est ce qu'il est encore impossible de présumer, parce qu'elle étoit dans un Pays où sa Famille étoit trop connuë pour qu'elle eût pû la déguiser ; & s'il eût été faux que M. Terrat eut été son Parent, se seroit-elle exposée à essuyer des démentis de tout le monde ? Un esprit ambitieux ne choisit pas pour s'illustrer, des voyes aussi capables de l'humilier.

Oh ! dit le ſieur de la Martiniere, quand Benoîte Terrat a voulu ſe donner pour Parente les Meſſieurs Terrat, elle étoit preſſée tout à la fois par la cupidité & par l'ambition. Les circonſtances où ſes Lettres ont été écrites le marquent aſſez. Le ſieur de Trezel gentilhomme du Bourbonnois avoit enlevé la Demoiſelle Queſſon niéce de Benoîte Terrat. Il étoit queſtion de réparer l'honneur de cette fille en tâchant de parvenir au mariage. C'étoit un parti fort avantageux, & devenu neceſſaire pour la Damoiſelle Queſſon ; mais l'inégalité de condition choquoit ſans doute le ſieur de Trezel : Il falloit l'ébloüir ſur cela : Voilà pourquoi Benoîte Terrat ſaiſiſſant l'avantage que la reſſemblance du nom lui donnoit, mit au nombre de ces Parens & de ceux de ſa niéce, les Meſſieurs Terrat de Paris.

La circonſtance du mariage que le ſieur de la Martiniere cite ici pour jetter du ſoupçon ſur les Lettres de Benoîte Terrat, en aſſure au contraire la ſincerité. Il ne faut pour le faire connoître, que developper ce qui s'eſt paſſé au ſujet de ce mariage.

Le ſieur Morel de Trezel avoit conçû pour la Demoiſelle Queſſon, niéce de Benoîte Terrat des ſentimens de tendreſſe, & deſiroit de l'épouſer, comme on le voit dans une Lettre du 5 Avril 1688. qu'il écrivoit au ſieur Queſſon Subſtitut du Procureur du Roy à Billy, frere de la Demoiſelle Queſſon. Le ſieur de Trezel ſon fils aujourd'hui vivant, forma oppoſition à ce mariage. Ses motifs ſont ici indifferens. Le ſieur de Trezel pere, qui par le moyen des ſieurs Queſſon & de Benoîte Terrat, étoit en relation avec M. Terrat, eut recours à lui pour faire lever cette oppoſition. Il lui écrivit pluſieurs Lettres, dont il reçut des réponſes, & enfin un Bref du Pape pour lever l'oppoſition du ſieur Morel ſon fils. C'eſt ce qui eſt prouvé par les Lettres du ſieur Morel des 5 & 25 Avril 1688. & par celles du ſieur Ratignet des 19 Avril & 3 Mai de la même année 1688. Lettres dont la foi n'eſt pas conteſtée. Dans cet intervale le ſieur de Trezel pere tomba malade, & mourut, après avoir laiſſé par ſon Teſtament une penſion viagere à la Demoiſelle Queſſon, qui l'a toûjours touchée par les mains du ſieur de Trezel fils. Voilà les faits tels qu'ils ſont conſtatés par les pieces produites en l'Inſtance. Voyons ſi l'on y peut entrevoir quelque trait qui faſſe ſoupçonner les Lettres de Benoîte Terrat.

Il y a deux faits principaux qu'il ne faut point perdre de vûë.

Le premier, c'eſt que le ſieur Morel de Trezel avoit une extrême envie d'épouſer la Demoiſelle Queſſon, puiſqu'il dit préciſément, que *c'eſt ce à quoi il prétend parvenir, malgré toutes les oppoſitions, & que c'eſt un deſſein qu'il a fondé ſur les Loix divines & humaines ; en un mot, qu'il ne ſçauroit ſouffrir de délai.*

Le ſecond, c'eſt que le ſieur Morel étoit en relation de Lettres avec M. Terrat. Cela ſe voit par le commencement de ſa Lettre du 3 Avril 1688. conçûë en ces termes : *Je ſuis bien-aiſe, M.* (Queſſon) *que vous ayez vû la Lettre que M. Terrat m'écrit, &c.* & il ajoute à la fin de cette Lettre ; *Monſieur Terrat aura encore une de mes Lettres cette ſemaine ſur les mauvais traitemens qu'on fait & qu'on veut faire à votre ſœur, &c,* (la Demoiſelle Queſſon.)

Le

Le premier fait renverse absolument l'objection que le sieur de la Martiniere avoit imaginée pour rendre suspectes les Lettres de Benoîte Terrat. On voit que le sieur de Trezel étoit un amant empressé, qui souhaitoit avec ardeur d'unir par les nœuds du Sacrement son sort à celui de la Demoiselle Quesson. On lit dans ses propres Lettres que les moindres délais irritent son impatience. Trouve-t-on là de bonne foi les dégoûts d'une tendresse languissante qu'il étoit necessaire de rechauffer par de vives exhortations. Est-ce-là le caractere d'un amant refroidi par des idées de disproportion, sur lesquelles il falloit l'éblouir par des mensonges ?

Ecartons donc ces bizarres soupçons qu'on a voulu répandre sur les Lettres, où Benoîte Terrat cite au sieur de Trezel les Messieurs Terrat pour ses parens. Tout l'interêt qu'on suppose qu'elle avoit à écrire ces Lettres, étoit d'enhardir par une peinture brillante de sa famille, le sieur de Trezel à conclure son mariage avec sa niéce, & l'on voit au contraire qu'il souhaitoit ce mariage avec plus d'ardeur qu'elle, & que par consequent l'objet de l'énumeration qu'elle lui fait de ses proches, n'étoit point de le séduire, ni de vaincre en lui une repugnance qu'il n'avoit jamais euë, *currenti quid enim stimulis opus ?*

On ne dira pas que l'empressement que marquoit le sieur de Trezel, n'étoit que le fruit du détail de parenté contenuë dans les Lettres de Benoîte Terrat, & l'effet de son imposture, puisque la Lettre de Benoîte Terrat qui est du 3 Juillet 1688. est posterieure de trois mois à celle du sieur Morel, qui est du 5 Avril de la même année.

Du second fait, qui est la relation de Lettres où étoit le sieur de Trezel avec Messieurs Terrat, il resulte deux consequences.

La premiere, que Benoîte Terrat ne pouvoit point lui en imposer sur la parenté qu'elle disoit être entr'elle & M. Terrat, puisqu'il étoit à portée de s'en instruire par M. Terrat lui-même.

Figurons-nous en effet l'état où le sieur de Trezel pût se trouver, quand il reçût la Lettre de Benoîte Terrat ; ou il sçavoit qu'elle étoit parente de Gaston Terrat, ou il ne le sçavoit pas encore. Le sçavoit-il ? C'étoit donc parce qu'elle étoit connuë pour telle dans le Pays. Ne le sçavoit-il pas encore ? Cette Lettre lui annonçoit une merveille, dont il étoit naturel qu'il s'informât à Gaston Terrat.

Mais dans l'un & dans l'autre cas, ne doit-on pas penser qu'après la Lettre de Benoîte Terrat il écrivit suivant l'usage quelques politesses à Gaston Terrat sur l'alliance qui s'alloit former entr'eux par le mariage qu'il esperoit contracter avec une cousine de ce même Gaston Terrat. Cette présomption n'est-elle pas naturelle : & pour lors si M. Terrat n'avoit réellement pas été parent de Benoîte Terrat, il n'auroit pas manqué de le marquer au sieur de Trezel, ce qui auroit donné à Benoîte Terrat un démenti cruel qui l'auroit couverte de honte, & qui auroit ruiné tout le projet du mariage qu'elle souhaitoit, dit-on, si ardemment : Démenti qu'il lui étoit impossible de ne pas prévoir, & de ne pas craindre.

La seconde consequence, c'est que le sieur de Trezel étoit intimement persuadé que M. Terrat étoit parent de Benoîte Terrat & de la Demoiselle Quesson. Cette consequence se tire de la Lettre du sieur de Trezel du 5 Avril 1688. dans laquelle il dit qu'il doit écrire à M. Terrat au sujet des mauvais traitemens qu'on faisoit à la Demoiselle Quesson.

Cette fille sur la foi de la tendresse & des promesses du sieur de Trezel s'étoit engagé auparavant avec lui dans des démarches purement imprudentes, & que défend la bienséance seule. La calomnie en prit avantage contr'elle, & trouva même du credit chez plusieurs de ses parens qui se crurent en droit de lui faire de severes reprimandes, & de la maltraiter ; c'étoit donc pour arrêter le cours de ces mauvais traitemens que le sieur de Trezel s'adressoit à M. Terrat.

Que le sieur de la Martiniere réponde ici de bonne foi : Pensera-t-on que si M. Terrat eut passé dans l'esprit du sieur de Trezel pour un homme étranger à la famille des Quesson, il eut pû lui proposer d'épouser les querelles secretes de cette famille, de prendre parti dans ces differends domestiques, & d'entrer pour ainsi dire, en lice avec les parens de la Demoiselle Quesson ?

Toutes ces réflexions conduisent à conclure que les Lettres de Benoîte Terrat ne sont point suspectes par l'interest qu'elle pouvoit avoir à les écrire ; il reste à faire voir qu'elles ne sont pas suspectes par leur époque.

Ces Lettres sont écrites il y a plus de quarante ans ; certainement on ne pensoit point alors à la succession de M. Terrat, qui pour lors avoit des freres & des enfans. On ne dira pas que Benoîte Terrat n'a énoncé une parenté dans ces Lettres, qu'afin de préparer à ses petits-neveux des Titres pour disputer un jour une succession, à laquelle pour lors, suivant l'ordre de la nature, il leur étoit impossible d'aspirer : c'est ce qui n'entre pas dans l'esprit.

Or s'il est vrai, comme on le vient de démontrer, que les Lettres de Benoîte Terrat ne sont point suspectes entre les mains des heritiers, par la seule raison qu'elles sont émanées de leur grande tante, ni par les circonstances où elles ont esté écrites, il s'ensuit nécessairement que la Justice doit les regarder comme des monumens certains ; les faits de confession de parenté qu'elles contiennent doivent donc demeurer pour constans.

A ces objections generales le Sieur de la Martiniere en ajoute une particuliere.

Il faut que vous conveniez, dit-il, que Benoîte Terrat que vous regardez comme l'arcboutant de votre parenté, & que vous supposez avoir esté dans un commerce fréquent de Lettres avec M. Terrat, étoit elle-même fort mal instruite de l'état de leur famille ; qu'elle ignoroit la qualité de Jean Terrat pere de Gaston, puisque dans sa Lettre du 3 Juin 1688. écrite au Sieur de Trezel, elle donne à Jean Terrat la qualité de *Trésorier de France.* Cette bévûë grossiere de confondre le Trésorier General de Gaston de France avec un Trésorier de France est peu propre à justifier la parenté qu'elle disoit avoir avec M. Terrat, & à rendre vrai-semblable le commerce de Lettres qu'on prétend qu'elle avoit avec lui.

En premier lieu, les heritiers répondent au Sieur de la Martiniere, que cette énorme bévûë qu'il reproche à Benoîte Terrat sur la qualification de *Trésorier de France*, au lieu de celle de *Trésorier de Gaston de France*, donnée à Jean Terrat, est moins une erreur de son esprit, qu'une faute de sa plume, qui a oublié le mot de *Gaston*, dont l'omission paroist aux yeux du Sieur de la Martiniere un si grand sujet d'équivoque. De bonne foi, la préterition de ce mot seul pourroit-elle faire conclure que Benoîte Terrat ne connoissoit pas la qualité de Jean Terrat ; qu'elle n'étoit pas, comme on le prétend, en commerce de Lettres avec lui, & consequemment qu'elle n'étoit pas sa parente?

On répond en second lieu, que le Sieur de la Martiniere dans la consequence qu'il tire de cette observation, n'est pas d'accord avec lui-même, puisqu'il est forcé de convenir dans un autre endroit du commerce de Lettres qu'il veut nier ici. Et comment le pourroit-il nier? On produit les Lettres de Messieurs Terrat pere & fils écrites à Benoîte Terrat.

Il faut donc regarder toutes les objections que le Sieur de la Martiniere propose contre les deux Lettres de Benoîte Terrat, comme de pures chicanes qui ne détruisent point les preuves de possession, qui résultent de ces Lettres ; quelques efforts qu'il fasse, il n'empêchera pas tout esprit desinteressé d'y reconnoître un caractere de verité, auquel il est impossible de se refuser. Ce sont des monumens écrits sans interêt, dans un temps non suspect, capables dès-là de persuader les Magistrats, qui ne rejettent un témoignage que lorsque la loi, ou la raison leur en fait soupçonner la fidelité.

Ce premier fait de possession va se trouver encore confirmé par les relations dans lesquelles Benoîte Terrat & sa famille ont toûjours vêcu avec les Sieurs Terrat.

L'effet le plus ordinaire de la parenté est de produire entre les proches, des liaisons plus étroites que celles qui se trouvent prescrites en general à tous les hommes par les premieres Loix de la Societé. On ne reconnoît cette affection particuliere entre ceux que le sang unit, que par les Lettres qu'ils s'écrivent quand ils sont éloignez, & par les services qu'ils se rendent dans leurs besoins; c'est aussi par ce double caractere, que les heritiers vont démontrer les relations de parenté qui se sont perpetuées entre leur famille & les Sieurs Terrat, quoiqu'il semble que tout se soit réüni pour leur ravir les preuves de ces relations.

Car d'un côté il est prouvé en l'Instance par un Certificat de l'Abbesse & des Religieuses du Convent de la Benissondieu, donné par forme de revelation en consequence d'un Monitoire, que Benoîte Terrat peu de jours avant sa mort fit brûler tous ses papiers de famille, & notamment les Lettres qui lui avoient esté écrites par les Sieurs Terrat. C'est un sacrifice que cette sainte fille crut devoir à Dieu, pour lui offrir un cœur dégagé de tout ce qui pouvoit l'attacher à la terre, sacrifice que ses petits-neveux admirent, mais que certainement ils ont autant de lieu de regretter.

D'un autre côté, les Lettres qu'elle avoit écrites aux sieurs Terrat, les Titres de famille qu'ils avoient conservez, sont tombez entre les mains du sieur de la Martiniere, & des heritiers maternels, qui se trouvant seuls au décès de Gaston Terrat, n'ont pas manqué de supprimer tous ces monumens domestiques, dont ils sentoient bien que les heritiers paternels pourroient tirer des preuves infaillibles de leur parenté.

Après des évenemens aussi malheureux, on doit sans doute s'étonner qu'il reste encore aux heritiers quelques lumieres pour dissiper les tenebres sous lesquelles la privation de tant de Titres sembloit avoir enseveli jusqu'aux moindres vestiges de leur parenté. On va voir par le détail que la Providence y a pourvû.

Il est resté aux heritiers deux Lettres écrites par Jean Terrat, pere de Gaston, l'une à Benoîte Terrat en 1662. & l'autre à la femme du sieur Quesson en 1664. elles sont produites.

Voici la premiere. *Madame, j'ai reçû la Lettre que vous m'avez fait l'honneur de m'écrire, laquelle m'apprend la continuation de toutes vos bontez, dont je vous suis très-obligé... Je n'oublierai pas l'affaire de Mademoiselle votre niece, le plutôt qu'il me sera possible je ne manquerai pas de vous en donner avis par l'adresse que vous me donnez par votre Lettre; cependant ayez, s'il vous plaist, agreable, que je vous demande toujours part dans vos prieres, & la continuation de l'honneur de vos bonnes graces, qui me seront toujours très-cheres, vous assurant qu'il n'y a personne qui soit avec plus de verité, Madame, votre très-humble & très-obéïssant serviteur,* TERRAT.

On répondra ici en passant à une objection du sieur de la Martiniere, qui consiste à dire, que la déclaration faite par les Religieuses, qui ont attesté que Benoîte Terrat avoit brûlé toutes les Lettres qu'elle avoit reçûës des Sieurs Terrat, est fausse, puisque celle qu'on produit n'a pas esté brûlée.

Cette objection est puerile; quand les Religieuses ont dit que Benoîte Terrat avoit brûlé *toutes* les Lettres qu'elle avoit reçûës des Sieurs Terrat, elles n'ont pas pris ce mot *toutes* dans un sens absolu, dans sa parfaite étenduë; elles ont seulement prétendu dire, que Benoîte Terrat avoit brûlé toutes les Lettres qu'elle avoit pour lors. Or elle n'avoit point celle dont on vient de parler, elle l'avoit envoyée à sa niéce, parce qu'elle renfermoit un article qui la regardoit: *Je n'oublierai pas l'affaire de Mademoiselle votre niéce*, &c.

La seconde Lettre écrite à la Dame Quesson est du même style: *Madame, je vous suis bien obligé de votre souvenir, par la Lettre que vous m'avez fait l'honneur de m'écrire. Quand j'aurai occasion de vous servir, je le ferai de bon cœur. Je suis bien-aise que vous ayez gagné votre procès à Moulins; si vos Parties veulent plaider à Paris, j'espere qu'elles n'y auront pas plus d'avantage qu'aux autres lieux où elles ont esté condamnées, au moins vous assure-je bien que je vous y assisterai de tout mon pouvoir, je vous prie d'en estre bien persuadée. Je vous prie d'assurer M. Quesson votre mari, que je suis son très-humble serviteur, & que quand j'aurai occasion de le servir,*

je le

je le ferai de tout mon cœur, & en votre particulier, je vous prie de me croire parfaitement, Madame, votre, &c. TERRAT.

A quoi vous servent ces Lettres, dit le sieur de la Martiniere. On y voit à la verité beaucoup de politesses de la part de Jean Terrat, beaucoup d'offres de services en termes vagues, mais point de preuves de parenté.

On convient avec lui que si ces Lettres étoient les seules Pieces que produisent les heritiers, elles ne formeroient pas une preuve complette de parenté, aussi en les considerant comme deux Pieces solitaires, abstraction faite des autres que les heritiers rassemblent pour appuyer celles-ci, on ne prétend pas qu'il en doive résulter immédiatement une conséquence absoluë de parenté. Toute l'induction qu'on en tire, en les prenant dans ce point de vûë, c'est que Jean Terrat étoit en relation de Lettres avec la Famille de Benoîte Terrat. Voilà ce que ces deux Pieces prouvent. Mais de cette premiere relation précedée des deux Lettres de Benoîte Terrat, & fortifiée encore par d'autres circonstances dont on va rendre compte, on connoîtra dans la suite qu'on doit necessairement conclure l'existence d'une parenté entre la Famille de Benoîte Terrat & les sieurs Terrat; & c'est cette conclusion que le sieur de la Martiniere nie ici prématurément, puisqu'elle ne doit naître que de l'assemblage de differens faits, dont on n'a point encore parlé: ainsi on pourroit dire qu'il avance une objection contre une proposition qu'on ne lui a pas encore faite.

La seule reflexion qu'on puisse ajouter ici, c'est que si Jean Terrat n'avoit pas été Parent de Benoîte Terrat, & de la Dame Quesson, il n'auroit pas écrit en des termes si tendres, on dira même si respectueux, à une simple Sœur Converse, & à la femme d'un Chirurgien de Campagne. Au reste, la Cour jugera du mérite de cette reflexion. Venons à d'autres faits qui établissent la même relation par les bienfaits mêmes de Jean Terrat.

Les heritiers ont produit en l'Instance le Contrat de mariage de Jean Quesson & de Marguerite Delugé, pere & mere des sieurs Quesson. Dans cet Acte qui est du 3 Avril *1657*. le sieur Courtin des Molieres paroît comme fondé de Procuration de Jean Terrat pour doter Marguerite Delugé, fille de Jeanne Terrat, d'une somme de 1000 liv.

Voilà une seconde preuve de relation qu'on peut dire des plus fortes, elle est même de nature, suivant les Auteurs, à fournir elle seule une preuve de parenté. Un Jean Terrat originaire de Lyon dote la fille d'une Jeanne Terrat née dans la même ville de Lyon. Quelle idée ce fait offre-t'il d'abord à l'esprit, que ce Jean & cette Jeanne Terrat sont Parens!

Il est vrai que si l'on examine avec rigueur ce fait en lui-même, comme on feroit une proposition de Géometrie, la conséquence de parenté qu'on en tire, ne se trouvera pas absolument infaillible, parce qu'il n'est pas d'une verité necessaire que deux personnes originaires du même lieu, qui portent le même nom, & qui se font des liberalitez, soient Parens. Mais les faits, les évenemens qui par leur nature sont tous contingens, ne sont pas susceptibles de cette évidence géometrique que le sieur de la Martiniere nous demande. Dans ce cas, pour porter son jugement, l'esprit se contente d'une certitude morale, & souvent même d'une grande probabilité.

Ainsi pour conclure à l'inspection du Contrat de mariage dont on vient de parler, que Jean Terrat, & Jeanne Terrat étoient Parens, il suffit que l'experience qui produit en nous une certitude morale, nous apprenne qu'il n'arrive jamais, ou du moins rarement, qu'une personne soit du même lieu, du même état & du même nom qu'un autre, & qu'elle la dote de ses deniers, sans qu'ils soient Parens.

Mais indépendamment du fait particulier de la dotation, nous trouvons dans ce même Contrat une autre preuve de parenté bien simple & bien naturelle. Voici comme le fondé de Procuration qui y parle qualifie Jean Terrat, *Messire Jean du Terrat, Seigneur de Chantome, Trésorier, &c.* Ce *du* qui précede le nom *Terrat*, est un de ces articles honorables dont on décore en France tous les noms qu'on veut illustrer. Le fondé de Procuration qui parloit dans le Contrat en question, jugea donc à propos de gratifier Jean Terrat de cette marque de noblesse; mais on voit en même temps qu'il a étendu sa liberalité jusqu'à la mere de la mariée, Jeanne Terrat pour lors morte, qui est nommée dans le Contrat *Jeanne du Terrat.*

On demande au sieur de la Martiniere d'où pouvoit venir cette attention, de ne point allonger le nom de Jean Terrat par le mot *du*, sans allonger en même temps celui de Jeanne Terrat. C'est à coup sûr parce qu'on sçavoit que Jeanne Terrat étoit Parente de Jean Terrat. Si elle n'avoit pas été regardée comme telle, on lui auroit laissé son nom sans addition, comme elle l'avoit toujours porté. Si au contraire on la reconoissoit pour Parente de Jean Terrat, il falloit necessairement lui donner le *du* dont on honoroit Jean Terrat, sans quoi ce *du* n'auroit point passé à la tête du nom de Jean Terrat, pour une qualification propre à sa Famille, comme on le vouloit, mais pour un ornement subit & emprunté de la fortune. Voilà l'inconvenient qu'on ne pouvoit éviter qu'en donnant à Jeanne Terrat la même dénomination.

Rien n'est plus petit en soi que cette circonstance; cependant on ose dire qu'elle persuadera tout homme qui voudra la peser de bonne foi, & sans prévention. Ce sont-là de ces jeux de la Providence, qui pour éclairer les Magistrats sur l'état des Citoyens, sçait faire sortir la verité des tenebres les plus profondes, souvent par les rapports les plus simples, & par les considerations qui paroissoient aux yeux du commun des hommes les plus indifferentes.

On vient de voir ce qui s'est passé entre la Famille des heritiers & Jean Terrat. Voyons presentement si Gaston Terrat son fils a vécu dans les mêmes relations avec cette famille.

En répondant à une objection du sieur de la Martiniere, on a eu occasion de rapporter plusieurs faits qu'on supplie la Cour de vouloir bien ſe rappeller. Ces faits ſont les Lettres que le ſieur Morel de Trezel écrivit à Gaſton Terrat au ſujet de ſon mariage avec la Demoiſelle Queſſon, les réponſes qu'il en reçût, & la diſpenſe que Gaſton Terrat obtint de Rome, & lui envoya. Tout cela n'eſt point conteſté. Ainſi voilà la premiere époque des relations de Gaſton Terrat avec la Famille des heritiers placée en 1688. temps où toutes ces Lettres ont été écrites.

En 1700. ces mêmes relations ont continué. On produit une lettre de Gaſton Terrat du 21 Février 1700. par laquelle il répond au ſieur Queſſon qui lui avoit écrit au ſujet d'une Charge de Subſtitut du Procureur du Roi qu'il avoit envie d'avoir. Dans cette lettre Gaſton Terrat lui offre ſes ſervices, qu'il lui rendit effectivement dans la ſuite, puiſqu'il lui fit avoir cette Charge de Subſtitut.

En 1708. autre lettre de Gaſton Terrat au ſieur Queſſon, dans laquelle il lui fait des complimens de condoléance ſur la mort de ſa femme, & des offres de placer dans un College l'un de ſes enfans.

En 1713. & 1714. lettres du ſieur Auger Secretaire de Gaſton Terrat, qui marque au ſieur Queſſon dans la premiere, que Gaſton Terrat a fait des démarches pour obtenir auprès des Traitans la moderation d'une taxe, à laquelle le ſieur Queſſon avoit été impoſé pour ſa Charge de Subſtitut. Dans la ſeconde, que cette moderation a été obtenuë ; & dans la troiſiéme, il lui envoye un Arreſt du Conſeil qui le décharge de ces taxes, & qui ordonne la reſtitution de ce qu'il avoit déja payé, le tout par les ſoins & le crédit de Gaſton Terrat, qui ne veut pas, ajoute le ſieur Auger, qu'on lui rembourſe ce qu'il avoit payé pour le coût de l'Arreſt du Conſeil.

Il eſt impoſſible d'imaginer des relations plus préciſes ni plus ſuivies. On peut dire qu'elles forment ce *tractatum* que Dumoulin & les autres Auteurs diſent ſuffire pour la preuve d'une parenté.

On voit d'abord des Lettres écrites dans les termes les plus obligeans. Si à la vûë de ces Lettres, on refléchit ſur la difference qui ſe trouvoit entre la condition actuelle de ceux qui les écrivoient, & celle des perſonnes à qui elles étoient adreſſées, ſi l'on jette les yeux ſur cet intervalle immenſe que le cœur de l'homme met toujours entre l'opulence & la pauvreté, on trouvera que le ſang eſt le ſeul reſſort qui ait pû rejoindre ces extrémitez.

C'eſt un bonheur infini pour les heritiers que les ſieurs Terrat tranſplantés de leur Patrie par la Fortune, & placés dans une Sphere plus brillante, n'ayent pas été comme la plûpart des nouveaux riches, qui craignent toujours de jetter quelques regards ſur une Famille dont l'état leur rappelle le ſouvenir mortifiant de ce qu'ils ont été.

Le ſieur de la Martiniere demandera peut-être pourquoi les ſieurs Terrat, qu'on ſuppoſe ſi diſpoſés à reconnoître leurs proches, n'ont pas traité de Parens ceux qu'on prétend que leurs Lettres ſuppoſent tels.

On répond que les ſieurs Terrat n'ont fait en cela que ſe conformer à l'uſage des gens de fortune, qui ſerviles imitateurs des

Grands, ſuppriment la dénomination de parenté.

Mais aux témoignages d'amitié qui ſe trouvent dans les Lettres des ſieurs Terrat, ſe joignent des ſervices réels qui caracteriſent la parenté ; ici la dotation d'une fille, là une Diſpenſe obtenuë pour en marier une autre : Sont-ce-là les ſuites d'une liaiſon ordinaire, ou plûtôt ne ſont-ce pas des faits particuliers à la parenté, qui la diſtinguent des relations communes ?

Une derniere obſervation acheve de perſuader que ces Lettres & ces ſervices étoient les purs effets de la parenté : c'eſt que Gaſton Terrat a ſuccedé à ſon pere dans ces mêmes relations.

On ne voit point les affections ordinaires ſe tranſmettre de pere en fils, & ſe perpetuer dans les Familles, comme des ſentimens hereditaires, à moins que la proximité, la conformité d'état, la ſimpathie ou l'interêt ne les fomentent, & n'en étendent la durée. Il n'y a que la parenté qui ne s'alterant point par le changement des perſonnes, fait toujours revivre avec le ſang, les inclinations ſecrettes que la nature y a attachées.

Or nous ne voyons entre la famille des heritiers & Gaſton Terrat aucune circonſtance particuliere qui ait pû reproduire en ſa perſonne cette vive amitié que Jean Terrat ſon pere avoit toujours eu pour cette famille.

Concluons donc que la parenté ſeule a pû inſpirer à Gaſton Terrat pour la famille des heritiers ces ſentimens de tendreſſe qu'avoit eu Jean Terrat ſon pere.

Le ſieur de la Martiniere croit avoir trouvé la cauſe de toutes ces relations marquée dans une Lettre de Benoîte Terrat, qui porte pour date, *le 4 Juillet*, ſans année. C'eſt une Lettre qu'elle écrivit après la mort de Jean Terrat à l'un des Queſſon qui demeuroit pour lors à Paris. Voici comme cette Lettre commence. *Mon très-cher Neveu, je vous écrit ces lignes pour vous dire que j'ai écrit à l'aîné de ces Meſſieurs* (Gaſton Terrat, qui pour lors avoit des freres) *pour vous recommander comme vous êtes petit-fils de M. Delugé, lequel avoit été un des Officiers de feu M. Terrat, étant Capitaine des Gardes du Sel en Dauphiné, & qu'à ma ſupplication M. Terrat vous aſſiſtoit, & vous donnoit moyen de ſubſiſter à Paris, que je le ſuppliois de vous appliquer une partie des legs que M. Terrat a pû, comme je crois, laiſſer aux pauvres, &c.*

Cette Lettre, dit le ſieur de la Martiniere, que vous avez vous-même produite, fournit contre vous un argument qui détruit tout votre ſyſtême de parenté. En effet, ſi Jean Terrat aſſiſtoit le ſieur Queſſon, ſi cette aſſiſtance venoit de ce que ce Queſſon étoit petit-fils du ſieur Delugé, le motif de cette aſſiſtance ſe trouve fondé ſur ce que le ſieur Delugé avoit été un des Officiers de Jean Terrat, & c'eſt tout le fondement de la recommandation de Benoîte Terrat auprès de Jean Terrat en faveur de Queſſon, à qui la Lettre étoit adreſſée. Or ce motif de recommandation fondé dans la perſonne de ſon neveu, ſur la qualité de petit-fils d'un ancien Officier de Jean Terrat, exclud neceſſairement l'idée de parenté qu'on voudroit inſinuer, comme la cauſe des liberalités de Jean Terrat.

On

On répond d'abord au ſieur de la Martiniere que Benoîte Terrat n'énonçant qu'une foible partie, ou plûtôt qu'un trait de la Lettre qu'elle avoit écrite à Gaſton Terrat, on ne peut pas nier, ou affirmer, qu'elle ait, ou qu'elle n'ait pas employé auprès de M. Terrat dans cette Lettre d'autres raiſons, comme celle de la parenté ; parce que declarer ſimplement qu'on a dit une choſe, n'eſt pas affirmer qu'on n'en a pas dit d'autres, qui n'ont rien de contradictoire avec la choſe qu'on rapporte. Ainſi il ſeroit abſurde ſur le vû d'une ſeule portion de la Lettre de Benoîte Terrat, de tirer une conſequence generale qui s'étendit ſur tout le reſte de la même Lettre qu'on n'a jamais vû.

Mais ſuppoſons pour un moment que le ſieur de la Martiniere qui a entre ſes mains tous les papiers de M. Terrat, rapportât la Lettre que Benoîte Terrat dit avoir écrite à Gaſton Terrat, & que dans cette Lettre il n'y eut pas d'autres motifs de recommandation que ceux rapportés dans celle écrite au ſieur Queſſon, paſſeroit-on pour un homme bien ſenſé, ſi en voyant dans une telle Lettre une réticence perpetuelle ſur la parenté, on s'écrioit, donc Benoîte Terrat & Queſſon n'étoient pas parens de Gaſton Terrat : une telle conſequence ſeroit ſans doute ridicule.

Enfin, s'il eſt vrai que Benoîte Terrat en demandant à Gaſton Terrat des ſecours pour ſes proches, n'employoit pas quelquefois dans ſes Lettres le motif preſſant de la parenté ; c'eſt parce qu'il ſe faiſoit aſſez ſentir par lui-même, & qu'il étoit toûjours aſſez preſent aux yeux de Gaſton Terrat, pour pouvoir fléchir ſa volonté, & le faire agir.

En un mot, tout ce qu'on peut dire de la Lettre énoncée dans celle du 4 Juillet, c'eſt que Benoîte Terrat y exhortoit Gaſton Terrat à rendre ſervice au ſieur Queſſon, en lui propoſant l'exemple de Jean Terrat ſon pere, qui avoit toujours ſoulagé cette famille, qui avoit fait le ſieur Delugé Capitaine des Gardes du Sel, & qui avoit entretenu le ſieur Queſſon à Paris ; mais en l'invitant à conſerver pour cette famille les mêmes ſentimens de tendreſſe & de generoſité qu'avoit eus ſon pere ; n'étoit-ce pas lui dire : Le ſang qui les a formés, vous les rend auſſi chers qu'à lui, la nature vous engage envers eux aux mêmes devoirs que lui, ce qu'il a fait vous apprend ce que vous devez faire.

Si le ſieur de la Martiniere perſiſte donc à ſoutenir que les termes dans leſquels eſt conçûë la Lettre de Benoîte Terrat, offrent à l'eſprit toute autre choſe qu'une idée de parenté, & qu'ils perſuadent que des motifs ſeuls de bienveillance faiſoient agir M. Terrat, il faut le ſuivre juſqu'au bout, & pour le convaincre de la fauſſeté de ſes inductions, voici comme les heritiers raiſonnent.

Vous prétendez que les termes dans leſquels eſt conçûë la Lettre du 4 Juillet conduiſent à croire que les relations dans leſquelles la famille des heritiers a toujours été avec les ſieurs Terrat, n'ont pas pour principe la parenté, qu'elles ſont au contraire dans la perſonne des ſieurs Terrat les ſuites naturelles de la reconnoiſſance qu'on doit à ceux qui nous ont ſervi, ou de la charité qui nous attache aux malheureux; & nous de notre côté nous ſoutenons, que ces relations ont pour cauſe & pour premier mobile la parenté. Quelque force, quelque tournure que vous donniez à votre raiſonnement, il ne ſera toujours qu'une ſimple conjecture, qu'une pure préſomption, parce qu'il ne ſuppoſera point pour principe une propoſition neceſſairement vraye. Quelque choſe auſſi que nous puiſſions dire, nous ne trouverons pas non plus dans la Lettre en queſtion une preuve qui démontre que la parenté étoit l'ame de cette bienveillance, que le ſieurs Terrat témoignoient à la famille des heritiers. Ainſi en n'argumentant que de cette Lettre ſeule, oppoſés dans nos inductions, nous nous trouvons au niveau, c'eſt-à-dire, dans un égal degré d'incertitude, ou bien ſi vous voulez, vous avez contre nous une préſomption de plus. Mais ſi pour éclaircir les doutes que fait naître cette Lettre du 4 Juillet, lorſqu'on la conſidere ſeule, on la rapproche des deux autres Lettres qui ont été écrites par la même Benoîte Terrat, que devient cette préſomption, lorſque dans ces deux autres Lettres Benoîte Terrat explique nettement la parenté qui la lioit avec les ſieurs Terrat ? Le doute où la Lettre du 4 Juillet ſembloit laiſſer les eſprits par le recit tronqué qu'elle renfermoit, ne ſe trouve-t-il pas entierement diſſipé par l'énonciation préciſe de parenté qui ſe trouve dans les deux autres Lettres.

Que le ſieur de la Martiniere s'applaudiſſe donc un peu moins de cette merveilleuſe induction qu'il tire de la Lettre du 4 Juillet, & qu'il ceſſe d'enviſager tous les bienfaits répandus par les ſieurs Terrat ſur la famille des Queſſon, comme les effets d'une ſimple bienveillance.

Quand il feint de donner le ſieur Queſſon pour un homme qu'on ne preſentoit à Gaſton Terrat que comme un petit-fils d'un ancien Officier de ſon pere, & qui n'avoit pour mérite auprès de Gaſton Terrat, que cette qualité de fils d'un homme qui avoit appartenu à Jean Terrat ſon pere, on lui demande par où Nicolas Delugé, mari de Jeanne Terrat, & pere de ce Queſſon avoit-il lui-même mérité la protection de Jean Terrat ?

Il n'y a perſonne qui ſans être même inſtruit des autres relations qu'on a rapportées, ne répondît de bonne foi ſuivant l'idée qui ſaiſit d'abord, que la cauſe de ce bienfait étoit ſans doute l'alliance formée entre Jean Terrat & Nicolas Delugé, par le mariage que ce dernier avoit contracté avec une Jeanne Terrat, vrai-ſemblablement parente de Jean Terrat.

A l'égard du ſieur de la Martiniere, on ne ſçait point encore à quelle cauſe ſecrette il attribuera cette bonne fortune de Nicolas Delugé.

On lui demande encore par quelle heureuſe fatalité Marguerite Delugé, fille de Nicolas Delugé, s'attira-t-elle la bienveillance de Jean Terrat qui la fit élever au Couvent de la Beniſſondieu, & qui lors de ſon mariage la dota de ſes propres deniers, comme on l'a déja dit.

Commencera-t-il ici à répondre, que c'eſt parce qu'elle étoit la fille d'un Officier de Jean Terrat ?

On va plus loin ; on lui demande par quelle route Benoîte Terrat, séquestrée dès sa jeunesse dans un Couvent éloigné d'environ cent lieuës de Paris où demeuroit Jean Terrat, est-elle parvenuë à se concilier son amitié jusqu'au point de s'écrire fréquemment l'un & l'autre, & d'obtenir de lui tout ce qu'elle lui demandoit ? Par quel charme secret après la mort de Jean Terrat a-t-elle fait revivre ces sentimens d'affection dans la personne de Gaston Terrat son fils, qui ne l'avoit jamais vûë, & qui, aussi-bien que son pere, étoit encore moins éloigné de Benoîte Terrat par la distance des cent lieuës qui les séparoient, que par le vaste intervale que la fortune laissoit entr'eux ?

Dira-t-il qu'elle n'étoit considérée que parce qu'elle étoit la belle-sœur d'un homme qui avoit été Officier de Jean Terrat ?

On lui demande enfin, pour ne pas porter à l'infini le détail des différentes relations plus fortes les unes que les autres, qu'on trouve multipliées entre la famille de Quesson & les sieurs Terrat, on lui demande quelle ardeur officieuse a entraîné Gaston Terrat dans les mouvemens qu'il s'est donné pour obtenir des Dispenses de Rome lorsqu'on a parlé d'un mariage entre le sieur de Trezel & la Demoiselle Quesson ?

Le sieur de la Martiniere répondra-t-il toûjours sur le même ton, que c'est parce qu'il s'agissoit de pourvoir la petite-fille d'un homme qui avoit été Officier de Jean Terrat son pere ?

On ose dire que ces réponses ne seroient pas satisfaisantes. En effet, quels violens efforts ne faudroit-il pas que l'imagination fît pour concevoir dans la personne de Nicolas Delugé le principe & la cause de tous les bienfaits que sa famille a reçûs dans tous les tems des sieurs Terrat ? Quelles grandes obligations pourroit-on penser que les sieurs Terrat eussent à ce Nicolas Delugé, pour supposer en eux une reconnoissance conservée de génération en génération, & même fortifiée par l'espace du temps, qui efface ordinairement le souvenir des services ?

Jean Terrat étoit un des Interessez dans la Ferme des Gabelles : c'est par-là qu'il trouva le moyen de procurer à Nicolas Delugé l'Emploi de Capitaine des Gardes du Sel. Voilà comme ce Nicolas Delugé étoit Officier de Jean Terrat. Or, comme l'on voit, la concession de cet Emploi étoit un premier bienfait de Jean Terrat : Il faut donc dire suivant le sieur de la Martiniere que l'acceptation de ce bienfait faite par Nicolas Delugé, a paru aux yeux des sieurs Terrat pere & fils une action si méritoire qu'ils se sont sentis engagés à la reconnoître éternellement, soit dans sa personne, soit dans celle de ses descendans ? Le ridicule de cette supposition saute aux yeux.

Pour ne se point arrêter davantage à combattre des chimeres, qui se détruisent par elles-mêmes, on peut donc ici conclure que la Lettre du 4 Juillet écrite par Benoîte Terrat à son neveu Quesson, ne sçauroit faire présumer que la qualité de Capitaine des Gardes du Sel qu'avoit euë Nicolas Delugé, fut le motif des relations qui se sont entretenuës entre sa famille & les sieurs Terrat ; mais que la cause de ces relations étoit la parenté qui lioit ces deux branches.

Ainsi l'objection du sieur de la Martiniere n'énerve point la preuve de possession de parenté que les heritiers tirent par le *tractatum*, c'est-à-dire, de l'assemblage des diverses relations qu'ils viennent de rapporter.

Terminons le détail des relations par une circonstance infiniment importante, qui va démontrer la parenté des heritiers avec les sieurs Terrat.

Tout le monde sçait que les Armoiries sont des caracteres symboliques qui distinguent les Maisons les unes d'avec les autres, & qui consequemment prouvent une identité de famille entre ceux qui portent le même Ecusson. Or on voit que les auteurs des heritiers portoient les mêmes Armes que les sieurs Terrat, c'est-à-dire, d'argent à la Terrasse de sinople, surmontée d'une Gerbe d'or. C'est ce que nous découvrons par une ancienne Charte de mariage d'une Jaqueme Terrat, fille d'Antoine Terrat, de laquelle descend la Branche des Capelins. Quoique cette Charte ait été coupée, & qu'il n'en reste plus que la moitié, elle n'en est pas moins autentique par la signature du sieur Chazard, qui étoit Curé de la Paroisse de Saint Georges à Lyon en 1654. temps auquel cette Jaqueme Terrat a été mariée, comme on le voit par son Contrat de mariage du 26 Janvier de la même année, auquel cette Charte est relative. En un mot, on ne conteste ni la signature du Curé, ni la verité de cette Charte.

Au dos est un Certificat du Pere Alexandre Mascrany Jesuite, homme d'une érudition & d'une probité connuë, & parent maternel des Sieurs Terrat, qui *atteste que les Armes coupées sur cette Charte sont les armes des Messieurs Terrat de Lyon, c'est-à-dire, d'argent à la Terrasse de sinople, surmontée d'une Gerbe d'or, ainsi qu'il l'a souvent entendu dire à M. de la Valette Prevost des Marchands de Lyon, grand oncle de la premiere femme de M. le Chancelier Terrat, lequel les a changées pour prendre celles des Ponthus, de la famille desquels Louise Ponthus sa grande-mere étoit issuë.*

Que répond le sieur de la Martiniere à une preuve aussi pressante? Il se retranche sur la forme, refuge ordinaire de ceux qui se sentent vaincus par la force de la verité, & qui n'osent plus l'attaquer de front. Ce Certificat, dit-il, est une declaration d'un Jesuite, d'un homme mort au monde, dont le témoignage n'est pas recevable en matiere civile. D'ailleurs un Certificat donné sans l'ordre de la Justice, ne peut être d'aucun poids.

On fera voir au sieur de la Martiniere quand on viendra à l'information faite au Convent de la Benissondieu, que c'est une erreur de penser que les Religieux & les Religieuses ne puissent porter aucun témoignage en matiere civile, comme il le prétend.

A l'égard de la seconde partie de son objection, on lui répond, qu'il n'y a point de loy qui rejette du nombre des preuves indistinctement toutes ces attestations, tous ces témoignages écrits qui sont rendus sans l'autorité de la Justice ; il est vray que ces piéces sont souvent indifferentes, mais non pas toujours inutiles ; c'est aux Magistrats à peser le mérite de ces sortes de suffrages, & à les écouter

ter favorablement quand la nature des circonstances où ils leur sont presentés le demande, & quand la qualité & le caractere de celui qui les signe, les mettent au-dessus du soupçon.

Voyons presentement si l'opinion publique répond à toutes ces preuves domestiques de possessiondeparenté que les héritiers réünissent en leur faveur.

Dans les informations que les héritiers ont fait faire à Lyon, à Roanne, & au Convent de la Benissondieu pour la soustraction de leurs titres, les témoins expliquent bien clairement la parenté des héritiers avec les sieurs Terrat: Voici les principales dépositions.

Jean Ravet dépose, *qu'il a connu Antoine Terrat, surnommé la Croix, qui demeuroit dans la Paroisse de Saint Georges; qu'il lui a oüi dire plusieurs fois qu'il avoit un proche parent demeurant dans la maison de Monseigneur le Duc d'Orleans, frere du Roy, qui s'appelloit Terrat comme lui; qu'il étoit fort riche, & que lui Antoine Terrat en esperoit beaucoup de bien.*

Claude Goyon dépose, *qu'Antoine Terrat, dit la Croix, a souvent dit au beau-pere de ce témoin, qu'il avoit à Paris un proche parent, qui se nommoit Terrat comme lui, & qui étoit Trésorier de Monseigneur le Duc d'Orleans, dont il esperoit des bienfaits pour ses enfans.*

Denis Janore, Marchand à Lyon dépose, *qu'il a oüi dire à plusieurs personnes, qu'Antoine Terrat avoit une sœur Religieuse au Convent de la Benissondieu.*

Benoist Perret, Marchand à Lyon dépose, *qu'il a connu particulierement Antoine Terrat; qu'il lui a oüi dire qu'il avoit un parent chez M. le Duc d'Orleans, qui étoit fort riche, & qu'il avoit une sœur Religieuse au Convent de la Benissondieu.*

André Toussaint dépose, *qu'il a oüi dire plusieurs fois à Antoine Terrat, qu'il avoit une sœur Religieuse dans le Convent de la Benissondieu;* le témoin dit, *qu'il a esté deux fois à ce Convent pour rendre des Lettres d'Antoine Terrat à sa sœur; qu'elle lui remit des réponses pour son frere, & que plusieurs fois Antoine Terrat lui a dit, qu'il avoit un parent de son nom qui étoit fort riche, & qui demeuroit chez Monsieur le Duc d'Orleans.*

Le Pere Mascranny Jesuite, parent maternel de Gaston Terrat, sans cependant l'estre des Parties, dépose, *qu'il a oüi dire plusieurs fois au Pere de la Bussiere, Directeur du Convent de la Benissondieu, qu'il y avoit dans ce Convent une Sœur Converse, nommée Benoîte Terrat, d'une pieté exemplaire, & qu'il lui avoit dit plusieurs fois qu'elle étoit proche parente de M. Terrat, Trésorier de M. le Duc d'Orleans, pere du sieur Gaston Terrat; que toutes les Religieuses du Convent sçavoient cette parenté, & qu'enfin comme telle il la leur avoit recommandée.*

La Dame du Gast, Religieuse au Convent de la Benissondieu dépose, *que Benoîte Terrat étoit Sœur Converse dans ce Convent; que le sieur Terrat, Trésorier de M. le Duc d'Orleans, lui témoignoit beaucoup d'amitié & de bienveillance; qu'ayant même eu une conversation avec lui dans sa Terre de Chantome, il dit à la Déposante qu'elle avoit dans son Convent une de ses parentes, appellée Benoîte Terrat, qu'il aimoit & estimoit beaucoup, qu'il la prioit d'avoir un soin particulier d'elle, qu'il prendroit sur son compte cette obligation; qu'elle a vû plus de dix Lettres où le sieur Terrat traitoit Benoîte Terrat de sa cousine ; qu'Antoine Terrat, dit la Croix, la vint voir au Convent, en qualité de frere, où il resta trois jours.*

La Dame du Puy dépose, *que Madame de Nerestan, Abbesse de la Benissondieu, employoit le crédit de Benoîte Terrat, auprès du sieur Terrat, Secretaire de M. le Duc d'Orleans, lorsqu'elle en avoit besoin. Que lorsqu'elle trouvoit de l'enjoüement sur le visage de Benoîte Terrat, elle lui disoit, vous me paroissez bien gaye, vous avez apparemment reçû des nouvelles de M. Terrat vôtre cousin. Benoîte Terrat lui répondoit que cela étoit vrai, & lui communiquoit les Lettres.* Cette même Religieuse ajoute, *qu'un jour Benoîte Terrat lui lût une Lettre du sieur Terrat, où il la traitoit de sa cousine, & qu'il y a environ 48 ans que Jacqueme Terrat, fille d'Antoine Terrat, & niéce de Benoîte Terrat, la vint voir dans ce Convent, & y resta quelques jours accompagnée de sa fille : Que dans ce tems-là Benoîte Terrat reçût une Lettre du sieur Terrat qui lui mandoit que des affaires l'appelloient à Lyon, où il se rendroit incessamment, qu'il la verroit chemin faisant; que Benoîte Terrat communiqua la Lettre à la Déposante, & lui dit, que le sieur Terrat & elle étoient cousins germains ; qu'ils se regardoient & s'aimoient comme frere & sœur, & que dans cette même Lettre, il lui marquoit, que dans son testament il se ressouviendroit particulierement de la famille de Benoîte Terrat.*

La Dame de Maubruni dépose, *que Benoîte Terrat lui a dit plusieurs fois, que M. Terrat, Tresorier de M. le Duc d'Orleans, lui écrivoit comme son cousin germain & son ami particulier.* Elle ajoûte, *qu'on l'a toujours regardée dans le Convent sur ce pied-là.*

La Dame de Vareille dépose, *que Benoîte Terrat avoit un com erce de Lettres avec M. Terrat, Tresorier de feu* MONSIEUR, *en qualité de sa cousine germaine ; qu'elle le sollicitoit souvent d'avancer sa famille, & qu'il lui envoya cent pistoles pour une de ses nieces.*

On se contentera de ces dépositions, sans rapporter celles des autres Religieuses de la Benissondieu, qui déposent des mêmes faits ; la Cour aura la bonté d'en prendre lecture : aussi seroit-il impossible de rien ajouter à des dépositions si précises.

Que le sieur de la Martiniere ne vienne pas nous dire qu'en matiere civile les Religieux & Religieuses ne sont pas admissibles à déposer. Il est vrai que dans les Actes civils volontaires, comme les Testamens & les Contrats, il y a des Loix & des Constitutions Canoniques qui leur défendent d'y intervenir comme témoins, parce qu'on peut dans ces sortes d'Actes qui sont libres, choisir d'autres personnes. C'est le cas de tous les Arrêts qui sont citez par le sieur de la Martiniere ; mais dans les Actes involontaires, comme sont les informations & les enquêtes, ils sont obligez d'obéir à la Justice, & de rendre témoignage lorsqu'ils sont appellez pour déposer, parce que les informations & les enquêtes sont des Actes nécessaires à la manifestation de la verité & à l'administration de la Justice, & qui dès-là sont indispensables pour le bien de la Societé civile. Aussi voyons-nous que dans l'affaire de Monsieur le Prince de Conty contre Madame la Duchesse de Nemours, une infinité de Religieux furent entendus dans une enquête qui avoit un objet purement civil, c'est-à-dire, de prouver la démense de M. l'Abbé d'Orleans. Il n'y a qu'à lire les Arrêtistes, on en trouvera mille autres exemples.

Les heritiers supplient donc la Cour de se rappeller toutes le preuves differentes qu'ils viennent de détailler. En peut-on souhaiter de plus parfaites ?

Les Auteurs n'exigent pour la preuve d'une possession de parenté, qu'un des trois articles, *denominationem, tractatum, aut famam :* Ici tous trois se trouvent réünis.

On voit d'abord en comparant les Auteurs des heritiers avec les Sieurs Terrat, une conformité parfaite de nom, d'origine, d'état.

De-là on trouve des Lettres écrites par Benoîte Terrat dans un temps nonsuspect, c'est à-dire il y a plus de quarante ans, dans lesquelles elle traite les Sieurs Terrat de *Cousins*.

Qu'on jette ensuite les yeux sur une foule de Lettres écrites, soit par les Sieurs Terrat pere & fils, soit par Benoîte Terrat, soit par le Sieur Morel de Trezel, & les Sieurs Auger & Ratignet ; qu'on lise le Contrat de mariage de Marguerite Delugé mere des Quessons, on découvre une chaîne de relations perpetuées entre les Sieurs Terrat & la famille des heritiers pendant environ cinquante ans: Relations non pas bornées aux simples témoignages d'une politesse indifferente, ou d'une amitié oisive, mais soutenuës par les services & les bienfaits les plus signalez. Ce sont des preuves écrites, qui se trouvent encore confirmées par les dépositions où les mêmes faits sont attestez.

Joignons à ces deux premieres especes de preuves les suffrages d'une infinité de témoins de toutes sortes d'états. Ecoutons toutes ces voix qui ne forment qu'un cri public pour nous annoncer avec éclat la parenté des heritiers. N'est-ce pas ce témoignage de nos voisins, cette opinion publique que la Loi * reconnoît pour la preuve la plus indubitable de la possession d'état ?

* *L. 9. Cod. de Nuptiis.*

On ne s'arrêtera pas à combattre le reproche vague d'infidelité que le Sieur de la Martiniere fait à tous les témoins ; on se contentera de lui répondre ce qu'a dit un Ancien : * *Nemo omnes, neminem omnes fefellerunt.* Il faut être réduit à une grande extrêmité, si pour se rendre croyable sur un fait, on est obligé de faire passer le reste des hommes pour indignes d'estre crûs, & de répresenter tout un Public comme une cabale livrée au mensonge & à l'imposture.

* *Pline, Pan. de Traj.*

C'est ici qu'on attend le sieur de la Martiniere. S'il est vrai que dans le détail des faits de parenté il ait paru avec quelque avantage, en divisant les preuves des heritiers, & en les arrêtant à chaque proposition par cette fiere réponse, *cela ne prouve pas*, il doit ici se trouver embarrassé ; car ce ne sont plus des membres disjoints, & pour ainsi dire, informes, qu'on lui présente, c'est un tout parfait par la réünion de ses Parties, dont les rapports sont si justes, qu'il est impossible de le méconnoître. C'est une possession de parenté justifiée par des Titres, & attestée par des Témoins irréprochables, en un mot prouvée au-delà même du vœu de la Loi.

On ne croit pas que le sieur de la Martiniere ose avancer que ces preuves ne sont pas concluantes, puisqu'au fond elles renferment tout ce qu'on peut jamais rapporter de plus précis. Quelle sera donc sa ressource ? Dira-t'il que les informations sont nulles, & que par consequent les dépositions qu'elles contiennent ne sont d'aucun poids.

On lui répondra qu'en supposant même ces informations nulles, les heritiers ont d'un autre côté des preuves suffisantes.

Mais poussons le sieur de la Martiniere plus loin, car il ne faut pas qu'il échape. Passons lui pour un moment cet argument favori qui fait toute la baze de sa défense. D'un côté, ce que vous appellez vos preuves écrites, n'est qu'un tissu de faits indifferens, qui n'offre point aux Magistrats un corps de preuves tel que la Justice le désire. D'un autre côté, vos informations qui pourroient prouver quelque chose, sont nulles.

Quelle est la consequence qui résulteroit du raisonnement du sieur de la Martiniere ? C'est que si la Cour pouvoit ne regarder que comme des présomptions, ou des preuves imparfaites, cette conformité de nom, d'état & d'origine ; ces Lettres où Benoîte Terrat, dans un temps non suspect, c'est à-dire il y a plus de quarante ans, traitoit les sieurs Terrat de cousins ; cette suite de relations conservées entre la Famille des heritiers, & les sieurs Terrat pere & fils ; ce Contrat de mariage où Jean Terrat dote Marguerite Delugé mere des Quessons, où l'on donne à Jeanne Terrat le nom de *du Terrat*, comme on le donnoit à Jean Terrat ; ces mouvemens que Gaston Terrat s'est donné pour obtenir de Rome des Dispenses pour le mariage de la Damoiselle Quesson avec le sieur de Trezel ; cette exemption de taxe obtenuë par Gaston Terrat en faveur du sieur Quesson l'un des heritiers ; si tout cela ne paroissoit pas aux yeux de la Cour assez décisif : si d'un autre côté tous ces témoignages d'une infinité de Religieuses aussi distinguées par leur naissance que par leur vertu, qui expliquent la parenté des heritiers d'une maniere encore plus positive & plus énergique : si cette identité d'armoiries constatée par une Charte de mariage, & un Certificat d'un Parent même des sieurs Terrat : si, disons-nous, cette derniere espece de preuves qu'on ne peut attaquer que dans la forme, se trouvoit réellement irréguliere, il seroit impossible que la Cour ne renvoyât pas les heritiers à la preuve testimoniale, pour fixer l'incertitude où l'auroient jettée des preuves écrites qu'elles auroit jugées trop foibles, & pour rétablir par les formalités judiciaires, des preuves solides, dans lesquelles elle n'auroit trouvé d'autre vice que celui de la forme.

On soutient avec confiance qu'en attenuant de cette façon toutes les preuves des heritiers, comme fait le sieur de la Martiniere, il leur resteroit encore une force plus que suffisante, pour persuader les Magistrats de la necessité que la Loi leur impose, d'ouvrir à la verité qui se fait déja sentir, toutes les voyes par lesquelles on présume qu'elle pourra percer avec plus de lumiere.

Si l'on consultoit sur l'admission de cette preuve vocale l'article

cle 14 du titre 20 de l'Ordonnance de 1667. qui la reçoit en matiere de filiation dans le cas de la perte des Registres publics, les heritiers ne se trouveroient-t'ils pas dans le cas de cet article? Lorsqu'on a voulu chercher dans les Paroisses de S. Paul & de S. Georges à Lyon les Extraits Baptistaires d'Antoine, de Jeanne & de Benoîte Terrat, les Curez & les Vicaires de ces Paroisses n'ont-ils pas répondu, comme on l'a déja dit, qu'il n'y avoit plus de Registres si anciens, & que ceux qui restoient étoient en désordre & par lambeaux?

Si l'on vouloit s'attacher aux termes de l'article 3. du même titre de l'Ordonnance de 1667. qui permet de recourir à la preuve testimoniale dans le cas des accidens imprévûs, & dans les autres cas où il y a des commencemens de preuves par écrit, ce sont encore des circonstances où se trouveroient les heritiers.

Une infinité de cas imprévûs leur ont enlevés leurs Titres. On a d'abord prouvé par les Pieces rapportées en l'Instance, que le Contrat de mariage & tous les Papiers d'Antoine Terrat II. qui auroient pû nous apprendre quels étoient ses pere & mere, ont été enlevés par Claudine Roux sa seconde femme. On voit ensuite d'un côté, que tous les Titres de Famille que les sieurs Terrat avoient laissés après leur décès, ont été secretement exposés en vente par un Inconnu; d'un autre côté, qu'un Claude Roüillard, un Abbé Sadourni, la Lagier qui ose aujourd'hui se presenter, comme heritiere, un Langlade renovateur de Terriers à S. Symphorien, un Duffieu Notaire à Lyon, se sont reunis pour enlever des Dépôts publics, jusqu'aux moindres fragmens des Titres qui concernoient la Famille des sieurs Terrat. * Enfin à tous ces cas imprévûs s'en joint encore un dernier, c'est la perte de toutes les Lettres écrites à Benoîte Terrat par les sieurs Terrat: Il est prouvé qu'elle les fit toutes brûler avant sa mort.

* Ces Soustractions sont expliquées au long dans le Memoire des enfans de Clement Terrat.

A l'égard du second cas où le même article 3. de l'Ordonnance admet la preuve vocale, c'est-à-dire lorsqu'il y a des commencemens de preuves par écrit, on l'a déja dit, en pesant toutes les preuves rapportées par les heritiers avec la plus grande rigueur, elles formeroient bien plus que des commencemens de preuves par écrit.

Ainsi s'il étoit vrai que la possession de Parenté indéfinie, que les heritiers prétendent avoir établie, ne se trouvât pas parfaitement prouvée par les trois articles, ou par l'un des trois articles indiqués par les Auteurs, *denominationem*, *tractatum*, *aut famam*, il est évident qu'on ne pourroit les priver du secours de la preuve testimoniale. Mais ils osent se flatter que la Cour trouvera en l'Instance, des preuves assez fortes pour leur adjuger dès-à-present définitivement leurs Conclusions.

Monsieur l'Abbé LORENCHET, *Rapporteur.*

M[e] DE GENNE, Avocat.

MANGIN, Proc.

A Paris, de l'Imprimerie d'ANDRE' KNAPEN, au bas du Pont S. Michel, ruë Saint André des Arcs, 1730.

www.ingramcontent.com/pod-product-compliance
Lightning Source LLC
LaVergne TN
LVHW052020160826
845678LV00003B/1132

* 9 7 8 2 3 2 9 6 3 8 5 3 9 *